SAINT FRANÇOIS XAVIER
ET LES
JEUNES MARTYRS DU JAPON
Par F.-J. MICHEL

TOURS
ALFRED CATTIER
ÉDITEUR

SAINT FRANÇOIS XAVIER

ET LES

JEUNES MARTYRS DU JAPON

Par F.-J. MICHEL

François Xavier, un des premiers disciples de saint Ignace de Loyola, un saint dont les actions ont converti le Nouveau Monde par la vertu de la prédication et par celle des miracles puisqu'il fut lui-même une preuve vivante de la vérité du Christianisme, naquit le 7 avril 1506 au château de Xavier, situé au pied des Pyrénées, à 7 lieues de Pampelune, dans la Navarre. La Providence, qui avait choisi François Xavier pour la conversion d'une infinité de peuples, lui avait donné toutes les qualités naturelles que demande l'emploi d'un apôtre : corps robuste, génie sublime, capable des plus grands desseins, cœur intrépide, humeur gaie et une forte inclination pour l'étude.

Son père et sa mère, qui menaient une vie chrétienne, lui inspirèrent la crainte de Dieu dès son enfance et eurent un soin particulier de son éducation. Ils l'envoyèrent à Paris, à l'âge de dix-huit ans, pour y étudier la philosophie et augmenter la gloire de son nom par la voie des lettres ; mais Dieu avait bien d'autres pensées sur lui et ce n'était pas pour des grandeurs périssables que la Providence l'avait conduit en France. Arrivé à Paris, il fit connaissance d'Ignace de Loyola, qui avait renoncé au monde et formé le plan d'une compagnie savante, toute dévouée au salut des âmes ; il était venu également en France pour achever ses études que les ennuis qu'il avait eus en Espagne, après sa conversion, l'avaient obligé d'interrompre.

Subjugué par la doctrine d'Ignace, qui lui avait fait entrevoir le néant des grandeurs mondaines, il se

PROPRIÉTÉ DE L'ÉDITEUR.   A. CATTIER. — TOURS.

mit entièrement sous sa direction pour se livrer à l'étude de la théologie.

Avec six autres de ses condisciples, ils résolurent d'un commun accord de s'engager par des vœux à quitter leurs biens et allèrent se jeter aux pieds du Souverain Pontife pour servir l'Église dans le lieu où il lui plairait de les envoyer. Ils firent ces vœux

Ils firent ces vœux à Montmartre, le jour de l'Ascencion, en 1534.

à Montmartre, le jour de l'Ascension, en 1534. Ce lieu saint, arrosé du sang des martyrs, leur fit même concevoir un désir ardent de s'immoler ainsi.

Étant arrivé à Rome, son premier soin fut de visiter les églises et de se consacrer au ministère évangélique ; ce qui lui fournit l'occasion de parler plus d'une fois devant le Souverain Pontife Paul III, qui, aimant les lettres, voulait qu'en sa présence on traitât divers points de théologie.

Après avoir reçu la bénédiction du Saint-Père pour le voyage en Terre Sainte, le but de ses désirs, Xavier partit pour Venise, y fit vœu de pauvreté et de chasteté perpétuelles entre les mains de Jérôme Veralli, nonce du pape. Jusqu'au moment de l'embarquement, il exerça son zèle apostolique à l'hôpital des Incurables.

Mais, à cette époque, la guerre qui éclata entre les Turcs et les Vénitiens interrompit le commerce du Levant et ferma les portes de la Terre Sainte. Le navire des pèlerins pour Jérusalem ne put donc partir cette année-là. Xavier en ressentit un sensible déplaisir, parce qu'il perdait non seulement l'espérance de voir les lieux consacrés par la présence et le sang de Jésus-Christ, mais encore l'occasion de mourir pour son divin maître.

Il s'en consola, puisque la Providence le voulait ainsi ; mais, pour se rendre plus utile au prochain, il se disposa à recevoir la prêtrise avec des sentiments de piété, de frayeur et de confusion qu'on ne saurait exprimer.

Sur ces entrefaites, Jean III, roi de Portugal, le plus religieux prince de son siècle, ayant entendu parler du zèle infatigable de François Xavier pour le salut des âmes, obtint du pape l'autorisation de faire conduire aux Indes orientales l'apôtre, qui depuis si longtemps désirait convertir les idolâtres en obtenant la grâce de mourir pour Jésus-Christ, ce que la Terre Sainte lui avait refusé.

Après un séjour de six mois au Mozambique, le galion qui portait Xavier eut un vent si favorable qu'il gagna en deux ou trois jours Mélinde, sur la côte d'Afrique. Il alla ensuite mouiller à Socotora, en face du détroit de La Mecque. L'état de ces insulaires, dévoués au mahométisme, affligea tellement le P. Xavier qu'il pria instamment le vice-roi de vouloir bien lui permettre de rester dans l'île pour les convertir. Mais il ne put obtenir ce qu'il demandait, le vice-roi lui ayant fait observer qu'il était destiné aux Indes, où son zèle trouverait un plus vaste champ et des peuples mieux disposés que ces insulaires, qui seraient aussi prompts à quitter la foi qu'à la recevoir.

Xavier se rendit aux raisons du vice-roi, mais, à mesure que le vaisseau s'éloignait de l'île, il tournait la tête de ce côté en poussant de profonds soupirs ; toutefois, pour n'avoir rien à se reprocher touchant la conversion des Socotarins, il s'engagea devant Dieu à leur revenir au plus tôt, ou à leur procurer des ministres évangéliques.

Après avoir traversé toute la mer d'Arabie et une partie de celle de l'Inde, il arriva au port de Goa, le 6 mai de l'année 1542. Cette ville, située en-deçà du Gange, sur la côte de Malabar, capitale des possessions portugaises en Asie, dans une île qui porte le même nom, était le siège de l'évêque et du vice-roi, et, à cette époque, la ville de l'Orient la plus commerçante. Elle avait été soumise à la couronne de Portugal en 1510.

Ce fut alors que se vérifia la célèbre prophétie du célèbre apôtre saint Thomas, que la foi qu'il avait plantée en divers royaumes de l'Orient y refleurirait un jour ; c'est cette prédiction même que le saint apôtre laissa gravée sur une colonne de pierre vive pour la mémoire des siècles à venir.

Les infidèles se moquèrent longtemps de la prophétie, ne jugeant pas qu'elle dût jamais s'accomplir. On peut dire qu'elle n'eut tout son effet qu'après la venue du P. François Xavier.

Conformément à une autre prophétie d'un saint religieux de la Trinité (Pierre de Conillan), qui, étant allé aux Indes avec don Vasco de Gama en qualité de son confesseur, fut martyrisé par les Indiens, le 7 juillet 1497, quarante-trois ans avant la naissance de la Compagnie de Jésus, et qui, tout percé de flèches, lorsqu'il répandait son sang pour Jésus-Christ, prononça distinctement ces paroles : *Dans peu d'années, il naîtra en l'Eglise de Dieu une nouvelle religion de clercs qui portera le nom de Jésus, et un de ses premiers Pères, conduit par le Saint-Esprit, pénétrera jusqu'aux contrées les plus éloignées des Indes orientales, dont la plus grande partie embras-*

sera la foi orthodoxe par le ministère de ce prédicateur évangélique.

Toutefois Xavier ne voulut pas commencer ses courses apostoliques, avant d'avoir rendu ses devoirs à l'évêque de Goa [1], homme de très grand mérite et un des plus vertueux prélats que l'Église ait peut-être jamais eus.

Le Père, après lui avoir expliqué les raisons pour lesquelles le Souverain Pontife et le roi du Portugal l'avaient envoyé aux Indes, lui présenta les brefs de Paul III en lui déclarant qu'il ne s'en servirait qu'avec son agrément ; il se jeta ensuite à ses pieds et lui demanda sa bénédiction. Le prélat, édifié de la modestie du Père, et frappé de je ne sais quel air de sainteté répandu sur son visage, le releva aussitôt et l'embrassa tendrement. Il baisa plusieurs fois les brefs du Pape, et, en les rendant au Père, il lui dit : *Un légat apostolique envoyé par le vicaire de Jésus-Christ n'a pas besoin de prendre sa mission d'ailleurs. Usez librement des pouvoirs que le Saint-Siège vous a donnés, et soyez sûr que, si l'autorité épiscopale est nécessaire pour les maintenir, elle ne vous fera pas défaut.*

Dès ce moment, ils se lièrent d'amitié, et leur union devint si étroite dans la suite qu'on peut croire combien elle servit au salut des âmes et à l'exaltation de la foi.

Mais, ce qui paraitra plus étrange, c'est que les Portugais dans les Indes, par le dérèglement de leurs mœurs, vivaient plus en idolâtres qu'en chrétiens. La justice se vendait dans les tribunaux, tant les juges étaient faciles à corrompre par l'appât du gain. On comptait pour rien un assassinat ; on s'en vantait comme d'une belle action.

L'évêque de Goa menaçait sans cesse de la colère du ciel; mais les cœurs étaient si endurcis qu'on se moquait des anathèmes de l'Église.

Les délices de l'Asie et le commerce avec les infidèles avaient fini par séduire les Portugais tout aus-

---

[1] Don Jean d'Albuquerque

tères et réglés qu'ils sont naturellement ; le défaut des secours spirituels y avait beaucoup contribué, car il n'y avait alors que huit prêtres dans les Indes.

Tant de sortes d'abominations enflammèrent le zèle de Xavier, qu'il eût voulu remédier à tout ; mais il crut devoir commencer par les chrétiens et s'attacher d'abord aux Portugais, dont l'exemple était très puissant pour les Indiens baptisés.

Pour s'attirer les bénédictions du ciel dans une si difficile entreprise, il passait la plus grande partie de la nuit avec Dieu, ne dormant guère que trois ou quatre heures ; encore ce peu de repos était-il troublé ; car, logeant à l'hôpital et couchant toujours près des plus malades, il se levait pour les secourir ou les consoler dès qu'ils se plaignaient tant soit peu.

Après le saint sacrifice de la Messe, il se dirigeait vers la léproserie, leur distribuant ce qu'il avait demandé de porte en porte pour eux : ensuite il parcourait les rues, une clochette à la main, suppliant les pères de famille d'envoyer leurs enfants et leurs esclaves au catéchisme. Les enfants s'assemblaient autour de lui, il les conduisait à l'église, et là, il leur expliquait le symbole des Apôtres, les commandements de Dieu et toutes les pratiques de piété en usage parmi les fidèles. C'est par ces enfants que la ville commença à changer de face.

Xavier fit alors des prédications publiques où tout le monde accourait. On vit alors ce que peut sur des hommes pervertis un prédicateur animé de l'esprit de Dieu. Les pécheurs les plus scandaleux, touchés de l'erreur de leurs crimes et de la crainte d'une éternité malheureuse, se confessaient les premiers ; les autres se jetaient aux pieds du Père, frappant leur poitrine et pleurant leurs péchés.

Les mœurs s'amélioraient, la piété s'établit partout à ce point qu'il semblait que les habitants de Goa étaient devenus d'autres hommes.

Les choses en étaient là, quand, après plusieurs années d'apostolat dans les Indes, il reçut des lettres du Japon qui lui apprirent qu'un des rois de l'île demandait des prédicateurs évangéliques au gouverneur des Indes pour une ambassade expresse, que ce roi avait appris quelque chose de la loi chrétienne et qu'un événement singulier lui avait fait naitre le désir d'en apprendre davantage.

Xavier et ses compagnons s'embarquèrent donc le 24 juin et, après quelques péripéties pendant la traversée, ils prirent terre à Cangoxima, le 13 août 1549.

Les cinq grandes iles qui forment l'empire du Japon et dont la superficie totale dépasse la surface de la France entière étaient divisées en soixante-six royaumes, ou principautés, indépendants les uns des autres.

Au bout de six semaines, l'apôtre, qui était doué du don des langues, aidé par un Samuraï baptisé, sous le nom de Paul de Sainte-Foi, chez lequel il logeait et dont il avait converti toute la famille, avait déjà traduit en langue japonaise son *Explication du Symbole*.

La prédication fut comme un torrent de lumière qui fut accueilli avec un élan indescriptible par ces pays infidèles, plongés depuis tant de siècles dans l'idolâtrie.

Bientôt il prêche dans les rues, le crucifix à la main, pénètre dans les pagodes, confond les bonzes, ministres du culte officiel, voués aux fausses divinités du Japon ; ruine leur autorité, sème les miracles, si bien qu'en deux années ce grand apôtre avait baptisé des milliers de païens, converti des princes, établi des ouvriers évangéliques chargés de continuer son œuvre ; il avait conquis, en un mot, l'empire du Japon.

Parfois Xavier voyage à travers les neiges, sous un vent glacé, marchant plusieurs semaines, son léger bagage suspendu à ses épaules ; puis, après avoir erré, en répandant la Bonne Nouvelle, il rentre à Yamaguchi.

« Les Japonais, écrivait l'apôtre à saint Ignace,
« ont le caractère sagace, loyal, spirituel ; leur juge-
« ment est droit, leurs manières nobles. Envoyez-nous
« des sujets d'une grande valeur, éminents en vertu
« comme en science, pour comparaitre devant les

« Académies de l'empire. — Les habitants de ce
« pays ont une grande volonté de s'instruire. Ils
« apprennent beaucoup plus rapidement que les Euro-
« péens, la langue latine, les sciences et les arts. » Plus
tard, François Xavier ajoutait : « Les Japonais mé-

Bientôt il prêche dans les rues, le Crucifix à la main.

« prisent les autres peuples, nation superbe qui se
« repose sur son admiration d'elle-même et de son
« histoire (Il est certain que ces insulaires sont
« doués de qualités supérieures). »

« Ces chrétientés, disait l'apôtre, sont les délices
« de mon âme. »

Poussé par l'esprit de Dieu et par son zèle apostolique, vaste comme le monde, il s'arrachait de ces nouvelles chrétientés et, en novembre 1551, il s'embarquait pour la Chine avec le désir d'évangéliser encore cette immense contrée ; mais sa couronne et son triomphe l'attendaient au Ciel ; car le 2 décembre 1552, un vendredi, ayant les yeux tout baignés de larmes et tendrement attachés sur son crucifix, il prononça ces paroles : *In te Domine speravi ; non confundar in æternum*, et, en même temps, saisi d'une joie céleste, il rendit doucement l'esprit, vers les deux heures de l'après-midi, dans l'île de Sancian province de Malacca).

Quand on sut que le P. François venait d'expirer, plusieurs amis du gouverneur de Malacca accoururent auprès de lui ; ils lui trouvèrent le visage aussi vermeil que s'il avait été vivant, au point qu'à première vue ils ne purent croire qu'il était mort. Alors ils se mirent à genoux et lui baisèrent les mains avec piété.

La sépulture n'eut lieu que le dimanche suivant, à midi. Ceux qui lui rendirent les derniers devoirs divisèrent entre eux sa soutane, par dévotion, et ils l'habillèrent de ses habits sacerdotaux.

A l'extrémité du port, où s'élevait une colline, les Portugais avaient planté une croix : c'est près d'elle que le Saint fut enterré. On dressa deux monceaux de terre, l'un du côté de la tête et l'autre du côté des pieds, pour marquer le lieu de la sépulture.

Dieu voulut manifester, dans le royaume de Navarre, la sainteté de son serviteur par un événement miraculeux, ou plutôt par une cessation de miracle. Car, dans la petite chapelle du château de Xavier, il y avait un crucifix de plâtre qui, pendant la dernière année de la vie du Saint, répandait du sang en abondance tous les vendredis ; mais, dès que Xavier fut mort, le sang cessa de couler. Le crucifix se voit encore aujourd'hui au même endroit avec du sang coagulé le long des bras et des cuisses, aux mains et aux côtés.

Deux mois et demi après la mort du saint homme,

le cercueil fut ouvert, le 17 février 1553, pour voir si le corps était tombé en poussière et si l'on pourrait ramasser les os; mais le visage fut trouvé frais et vermeil comme celui d'un homme qui dort paisiblement. Les habits sacerdotaux dont il était revêtu n'étaient point endommagés et le saint corps exhalait une odeur si douce et si agréable que les parfums les plus exquis n'en approchaient point, tant c'était une odeur céleste.

Ce ne fut qu'au mois d'août que le P. Jean Beira vint de Goa pour retourner aux Mengues avec deux prêtres de la Compagnie de Jésus envoyés par le vice-provincial. Pierre d'Alcaceva vint dans le même temps au Japon, d'où il avait été envoyé à Goa, et tous deux accompagnèrent le saint corps en cette ville. Une furieuse tempête jeta d'abord le navire sur des bancs de sable. Peu de temps après, à l'entrée du golfe de Ceylan, les matelots donnèrent impétueusement sur des écueils couverts et s'empressèrent, suivant ce que l'on fait dans un péril extrême, de couper les mâts à coups de hache, mais, comme cela ne servait à rien, ils voulurent jeter toutes les marchandises à la mer pour soulager le navire; c'est alors qu'ils eurent recours à l'intercession du Saint dont ils portaient le corps à Goa. Après l'avoir sorti de la chambre du pilote et posé sur le tillac, ils se mirent tous à genoux avec des flambeaux allumés, et, comme si le Saint eût été encore vivant, ils le conjurèrent de les sauver de la mort.

A peine leur prière était-elle finie qu'on entendit un grand bruit sous le vaisseau, comme si le rocher s'était fendu pour livrer un passage au navire.

Le navire étant à 20 lieues de Goa, le capitaine voulut gagner la ville à force de rames, pour donner lui-même au vice-roi et aux Pères de la Compagnie la première nouvelle de la venue du saint corps. Le vice-roi fit donner de suite une barque légère au capitaine et, le 15 mars 1554, on se prépara dans la ville à faire une réception solennelle au saint Apôtre des Indes.

Quatre-vingt-dix enfants marchaient en tête, vêtus

de blanc et couronnés de fleurs et tenant chacun dans la main une branche d'olivier ; le clergé suivait la confrérie de la miséricorde et précédait immédiatement le corps, qui était porté par les Pères de la Compagnie ; le vice-roi, avec tout son cortège, fermait la marche et était suivi d'une multitude innombrable.

Toutes les rues étaient ornées de tapisseries, et, quand le corps paraissait, on jetait des fleurs de toutes les fenêtres et de tous les toits. Mais rien ne rendit la pompe plus célèbre que les miracles qui se firent alors. Plusieurs malades, qui s'étaient fait apporter dans la rue, furent guéris à la vue du Saint ; quelques-uns mêmes qui n'avaient pu quitter leur lit recouvrèrent la santé en invoquant son nom.

On avait voulu protéger la chapelle contre la foule, mais cette barrière fut bientôt rompue, malgré les soldats qui la défendaient. Pour apaiser la foule, il fallut montrer trois fois le Saint et le tenir droit afin que tout le monde le vit aisément. On jugea même à propos de le laisser trois jours découvert pour la consolation des habitants, qui ne se lassaient point de le regarder, tant ils étaient pénétrés d'une dévotion sensible.

De nouvelles guérisons eurent lieu en présence du corps : les aveugles virent, les paralytiques marchèrent et les lépreux devinrent blancs comme des enfants. Mais, ce qui est le plus admirable, les ennemis même de Jésus-Christ le vénéraient après sa mort comme ils l'avaient fait pendant sa vie. Quelques-uns faisaient de très longs voyages et venaient à Goa exprès pour voir son corps exempt de corruption. Les païens eux-mêmes lui élevèrent des autels. Quelques Mahométans lui dédièrent même une mosquée sur la côte occidentale de Comorin.

On ne rendit guère moins d'honneur à sa mémoire dans le Japon que dans les Indes.

Les chrétiens du royaume de Saxuma gardaient religieusement une pierre sur laquelle il avait souvent prêché et la montraient comme quelque chose de précieux.

Sa sainte vie et ses miracles se répandirent au-delà des mers en d'autres contrées infidèles qu'il n'avait point évangélisées, et où le nom du Père était devenu si célèbre que les indigènes parlaient de lui comme d'un homme merveilleux. Tant de témoignages si illustres engagèrent le roi de Portugal à solliciter la canonisation du saint homme et, dans cette vue, un recueil fort ample de ses vertus fut publié. Après un examen juridique des vertus et des miracles dont nous venons de parler, le pape Paul V déclara bienheureux François Xavier, par une bulle du 25 octobre de l'année 1619. Grégoire XV, qui succéda à Paul V, le canonisa ensuite dans toutes les formes que l'Eglise garde en de semblables occasions. La cérémonie fut faite à Rome, le 12 mars 1622, et, comme la mort empêcha ce Pape de faire la bulle de la canonisation, ce fut Urbain VIII, son successeur, qui la fit.

Cette bulle, datée du 6 août de l'année 1623, est un abrégé et un éloge de la vie miraculeuse du Saint. Il y est dit que le nouvel apôtre des Indes a reçu spirituellement la bénédiction que le Seigneur accorda au patriarche Abraham, qu'il l'a fait le père de plusieurs nations, qu'au reste son apostolat a eu les signes d'une vocation divine, tels que le don des langues, le don de prophéties, le don des miracles, avec les plus parfaites vertus angéliques.

Le Saint-Siège voulant qu'une autorité unique dirigeât les entreprises et les travaux de missionnaires, souhaitant laisser en même temps aux fils de saint Ignace la gloire d'achever l'œuvre si merveilleusement commencée par un des leurs, décréta que la Société de Jésus, seule, évangéliserait le Japon.

Les successeurs de François Xavier cultivèrent avec le zèle qui les caractérise cette Eglise naissante. Pendant quarante années, c'est-à-dire jusqu'au règne de Taïcosama, elle n'avait cessé de prospérer, bien que, pendant cet espace de temps, cette œuvre sainte ait eu à subir, dans quelques provinces, des persécutions passagères excitées tantôt par la colère des bonzes, tantôt par celle des rois ou des gouverneurs; mais on ne pouvait supposer qu'un souverain entreprendrait d'exterminer la religion chrétienne et de la bannir de tout l'empire du Japon, puisque la plus grande partie de la noblesse, quelques princes et gouverneurs l'avaient embrassée; tout donnait donc à espérer que la population encore païenne ne tarderait pas à se convertir.

En 1582, un grand changement se produisit : un soldat de fortune se fit proclamer empereur sous le nom de Taïcosama. Sa puissance croissait de jour en jour et s'étendit bientôt sur les autres rois. Tout d'abord le souverain se montra favorable aux Pères de la Société de Jésus et aux églises chrétiennes, mais il refusait de se convertir, ne pouvant, déclarait-il, admettre une religion qui défendait la pluralité des femmes.

S'entretenant, sur le même sujet, avec un jésuite japonais, il lui dit que, sans cette exigence de la religion chrétienne, il n'hésiterait pas à l'embrasser. Ses actes semblaient s'accorder avec son langage puisqu'il donnait aux Jésuites des emplacements pour leurs constructions d'église, maison, séminaire, qu'il les autorisait à prêcher publiquement et librement la religion chrétienne.

Mais un ancien bonze, le médecin Jacuin, chargé par l'empereur de lui choisir pour épouses les plus belles parmi ses sujettes, résolut d'exploiter contre les Jésuites, qu'il haïssait, cette cause de dissentiment, en déclarant que les jeunes chrétiennes refusaient de se rendre aux ordres du souverain.

La guerre fut déclarée au Christ. En vaillants soldats, les membres de la Compagnie de Jésus ne voulurent pas quitter le champ de bataille. L'héroïsme des chrétientés fit reculer les persécuteurs, les menaces restèrent sans effet.

Dix ans plus tard, en 1593, quatre religieux franciscains abordèrent au Japon, se présentant en qua-

★

lité d'ambassadeurs. Ils édifièrent aussitôt deux monastères, qu'ils appelèrent Sainte-Marie-de-la-Portioncule et Bethléem.

Trois profès rejoignirent les premiers Pères. Leurs prédications et leurs exemples multiplièrent les conversions ; il y eut alors dans tout l'empire environ trois cent mille chrétiens, parmi lesquels se trouvaient des princes, des grands et les membres de familles puissantes.

Taïcosama était de plus en plus irrité, lorsqu'un incident vint porter sa colère à son comble.

Un galion espagnol, le *Saint-Philippe*, échoua sur les côtes de la province de Tosa ; dans l'espoir de sauver sa cargaison, le pilote essaye d'intimider les autorités japonaises.

Il déploie une mappemonde sous les yeux d'un officier de Taïcosama, et désigne, sur la carte, les contrées immenses soumises à Philippe II, et sur lesquelles jamais le soleil ne se couchait.

« Comment une si puissante monarchie a-t-elle pu
« s'établir ? » demande l'officier.

« Par la religion et par les armes, répond l'Espa-
« gnol ; nos prêtres nous préparent les voies. Ils con-
« vertissent les peuples au christianisme. Ensuite ce
« n'est plus qu'un jeu pour nous de soumettre ces
« peuples à notre autorité. »

Cette déclaration hautaine fut rapportée à Taïcosama, qui résolut de frapper un grand coup ; il ordonna aussitôt de faire arrêter et condamner à mort tous les Pères Franciscains.

Le zèle était si vif parmi les Japonais baptisés que des familles nombreuses accoururent de toutes parts à Méako, où les Pères étaient établis, pour entourer les confesseurs de la foi et partager leurs glorieuses souffrances.

Les chrétiens arrêtés furent au nombre de vingt-six.

Six religieux franciscains ;

Le Bienheureux Pierre Baptiste, prêtre, supérieur de la mission franciscaine (cinquante ans) ; le bienheureux Martin de l'Ascension, prêtre religieux franciscain (trente ans) ; le bienheureux François Blanco, prêtre religieux franciscain (trente ans); le Bienheureux Philippe de Jésus, religieux franciscain (vingt-trois ans, le premier qui reçut le coup de lance ; le bienheureux Gonzalès Garcia, religieux fran-

Il déploie une carte sous les yeux d'un officier de Taïcosama.

ciscain, Frère lai; le bienheureux François de Saint-Michel, religieux franciscain, Frère lai ;

Trois enfants :

Le bienheureux Antoine, âgé de treize ans ; le bienheureux Louis Harki, âgé de onze ans ; le bienheureux Thomas Cosaki, âgé de quatorze ans.

Le jeune Antoine avait alors treize ans ; né, à Nangasaki, d'un père chinois et d'une mère japonaise, il avait manifesté dès son enfance un caractère fort doux et un grand amour de la pureté ; très souvent il répondait la messe du P. Pierre Baptiste, qui l'aimait particulièrement.

Louis Harki, âgé de onze ans, avait été baptisé deux ans auparavant ; il était neveu de Paul Youaniki et de Léon Caratsuma.

Thomas Cosaki, le plus âgé des trois enfants, venait d'atteindre sa quinzième année ; il était le fils de l'armurier Michel Cosaki, fervent tertiaire de l'ordre franciscain, qui devait cueillir, lui aussi, la palme du martyre.

A ces trois enfants, il convient d'ajouter le jeune Maxime, bien qu'il ne partageât pas avec ses compagnons le supplice du calvaire de Nangasaki.

Les trois Jésuites japonais se nommaient :

Le Bienheureux Paul Miki, scholastique, âgé de trente-trois ans ; Jean de Goto, novice, âgé de dix-neuf ans ; Jacques Kisaï, novice, âgé de soixante-quatre ans.

Les tertiaires franciscains :

Le bienheureux Côme Tachegia, père du jeune Maxime ; le bienheureux Paul Harki ; le bienheureux Michel Cosaki, père de Louis ; le bienheureux François de Méaco, âgé de quarante-six ans ; le bienheureux Thomas Danki ; le bienheureux Léon Carasumaro ; le bienheureux Mathias, chrétien qui se substitua à un autre Mathias, économe des franciscains, absent lors de l'appel des condamnés ; le bienheureux Bonaventure ; le bienheureux Joachim Saccakibara ; le bienheureux Gabriel de Duisco, âgé de dix-neuf ans ; le bienheureux Paul Suzuki ; le bienheureux Soukéchico ; le bienheureux François Fahélanté.

Le 27 janvier 1597, les prisonniers furent conduits sur la grande place de Méako, où on leur coupa le bout de l'oreille gauche.

Un Père, nommé Augustin, auquel les chrétiens qui avaient assisté au supplice remirent les lambeaux de chair recueillis par eux pendant cette première partie du martyre, les éleva vers le ciel en disant:

« Je vous offre, mon Dieu, ces fleurs de l'Eglise du
« Japon. »

Les prisonniers furent conduits sur la grande place de Méako
où on leur coupa l'oreille gauche.

Les prisonniers furent ensuite promenés sur des chars au travers de la ville, flétrissure réservée aux plus grands malfaiteurs de l'empire; mais, partout où ils devaient passer les habitants avaient sablé les rues, honneur réservé aux seuls souverains. On se pressait sur le passage des martyrs, les témoignages de sympathie et d'admiration éclataient de tous côtés.

Les chrétiens se précipitaient sur les chars, s'y accrochant, essayant de se joindre aux martyrs. On les écartait à coups de fouets et de bâtons.

Après cette ignominieuse promenade à travers les rues de Méako, que la piété des fidèles avait transformée en ovation, les confesseurs furent ramenés dans leur prison.

Le jésuite Paul Miki se jette alors dans les bras des Pères Franciscains. « Je vous suis redevable, « s'écrie-t-il, de l'immense gloire d'être martyr à « votre ombre ! »

Presque au moment où cette touchante accolade avait lieu, le jeune Thomas Cosaki écrivait à sa mère :

« Avec la grâce du Seigneur, j'ai voulu, ma chère « mère, vous adresser cette lettre. D'après le texte « de notre sentence, nous serons crucifiés à Naga-« saki ; vous devez vous en réjouir. Si mon père et « moi nous avons le bonheur de mourir pour Jésus-« Christ, ne vous attristez pas !... Consolez-vous « dans la pensée qu'au moment de votre mort vous « n'invoquerez pas en vain votre époux et votre fils ; « que s'il vous arrive de devenir pauvre et méprisée « des hommes pour l'amour de Jésus-Christ, esti-« mez-vous heureuse, car au-dessus des richesses de « la terre se trouvent celles du ciel que les hommes « ne sauraient vous ravir. »

On n'ose affaiblir d'un commentaire l'énoncé de sentiments d'une telle élévation chrétienne. De nos jours porte-t-on les yeux si haut.

Au moment même où la troupe sainte quittait Méako, le fils de Cosme Takeya, le jeune Maxime, élevé avec Louis Harki dans la communauté des Pères Franciscains, courut rejoindre les martyrs sur la route d'Ozaka, leur première étape.

Cet enfant était gravement malade lorsque les arrestations avaient eu lieu. Le P. Pierre Baptiste, ne voulant pas l'abandonner, l'avait fait transporter chez sa mère. Néanmoins Maxime avait pu voir les soldats envahir la demeure de ses maîtres.

Une amélioration se produisit peu à peu dans sa santé, ne lui permettant pas encore de quitter son lit. On lui avait caché la captivité de son père, celle des Franciscains et des tertiaires ; mais, le jour même du départ, les larmes de sa sœur lui révélèrent toute la vérité.

Aussitôt Maxime prend son Crucifix, s'élance sur la route...

Aussitôt Maxime se dresse sur son lit, le quitte à la hâte, s'habille, prend son crucifix, et s'élance sur la route. A peine peut-il apercevoir les chars qu'il crie de toutes ses forces :

« Mes Pères ! mes Pères ! pourquoi me laissez-vous ! » et, s'adressant aux trois enfants sur lesquels tous les yeux sont fixés :

« Thomas, Antoine, Louis! je suis votre compa-
« gnon! Je veux mourir avec vous! »

Les jeunes confesseurs, placés sur le dernier chariot, récitaient l'Oraison dominicale.

« Louis! s'écrie encore Maxime, pourquoi es-tu
« parti sans m'avertir! As-tu oublié la promesse que
« nous avions faite ensemble de mourir pour Jésus-
« Christ? »

Se rapprochant toujours, Maxime aperçoit son
père. Sa supplication devient plus ardente encore:

« Mon père! mon père! prenez-moi avec vous
« dans le chariot! Je suis chrétien, moi aussi! Je
« suis votre fils! »

Enfin, c'est le P. Pierre Baptiste qu'il invoque:

« Eh quoi! ne vous ai-je pas servi, moi aussi?
« N'est-ce pas vous-même qui m'avez donné pour
« compagnon Louis Harki? Pourquoi donc me reje-
« tez-vous, lorsque vous lui accordez à lui, aussi petit
« que moi, la faveur de pouvoir donner sa vie pour
« Jésus-Christ? »

Vainement les bourreaux, émus malgré eux, veulent
éloigner l'enfant.

Sa persistance, néanmoins, finit par irriter un soldat qui, saisissant son glaive par la poignée, assène
un coup violent sur la tête de Maxime. Celui-ci tombe
sans connaissance, inondé de sang.

La multitude maudit d'une seule voix cet acte de
brutalité, qui arrache aux confesseurs un cri d'indi-
gnation.

Une femme se précipite alors, relève l'enfant, et
l'emporte vers la ville en le couvrant de baisers.

C'était la femme du confesseur Cosme, accourue
pour voir une dernière fois son époux, et qui reçoit
dans ses bras le premier martyr, son fils unique!

Maxime, rapporté sur ce même lit de souffrances
d'où il s'était élancé pour rejoindre les prisonniers,
y rendit le dernier soupir peu de semaines plus tard,
à l'heure précise à laquelle son père et les vingt-cinq
compagnons expiraient sur le Calvaire de Nangasaki.

De Méako, les confesseurs sont dirigés sur Ozaca,

puis à Sacaïa, enfin à Nangasaki. Le temps était glacial. Les païens, émus de compassion, cherchaient à procurer à la sainte troupe quelques adoucissements.

Tous s'écriaient, en voyant passer sous la neige ces hommes et ces enfants liés sur des chars :

« C'est une folie, une injustice criante. » Beaucoup se convertissaient, proclamant tout haut leur foi à une religion qui inspirait de tels héroïsmes.

Les bonzes, furieux, déclaraient que l'empereur n'aurait pu choisir un moyen plus efficace, s'il avait voulu lui-même répandre le christianisme dans ses États. Ce pèlerinage vers une mort glorieuse dura un mois.

A Carazu, ville située à 30 lieues environ de Nangasaki, le gouverneur de la province, Fazamburo, qui devait présider au supplice, fit tous ses efforts pour détourner le jeune Louis Harki de sa résolution de sacrifier sa vie à sa foi. Déjà, à Méako, l'enfant avait dû supplier pour qu'on l'inscrivît sur la liste des captifs. Arrivé à Carazu, il supporta avec constance tous les assauts tentés pour l'ébranler.

« Mon enfant, lui déclara Fazamburo, votre vie est
« entre vos mains, si vous le voulez, vous êtes libre !

« Je ne désire rien de vous, répondit Louis. Je
« suis content de mon sort. Disciple de mon bon
« Père, Pierre Baptiste, je dépends de lui seul, et je
« suis résolu à ne rien faire que ce qui lui plaira. »

Alors Fazamburo se tourna vers le Père que tous les confesseurs reconnaissaient pour leur chef, et demanda son assentiment. Le bienheureux P. Baptiste, le digne et admirable chef de cette glorieuse milice, répondit à l'officier :

« — Il acceptera votre proposition, si vous lui per-
« mettez de vivre selon la loi de Jésus-Christ ?

« — Je ne puis promettre cela, il faut qu'il renonce
« à la foi chrétienne. »

« — Et moi, reprit le jeune Louis, je ne puis accepter
« la vie à une semblable condition. Je ne suis pas
« insensé au point d'échanger le ciel contre une
« misérable existence !

Dès qu'on fut arrivé au lieu choisi pour le supplice, il demanda quelle était sa croix; quand les bourreaux la lui eurent désignée, il y courut avec un tel transport de joie que tous les spectateurs furent frappés d'étonnement comme d'admiration.

« Et moi, reprit le jeune Louis, je ne puis accepter la vie à une semblable condition. »

Ces généreux martyrs furent élevés sur leurs croix presque en même temps ; une céleste joie se lisait sur leurs visages; mais aucun ne la fit éclater plus vivement que le petit Louis. Il la manifestait par ses yeux, par le sourire de ses lèvres et le mouvement significatif de ses doigts. C'est sur lui principalement que se portaient tous les regards de la foule. Le double coup de lance vint percer sa poitrine, et cet ange de la terre alla rejoindre les anges du ciel. Bienheureux enfant, qu'il nous soit donné de vous voir un jour ! Sa croix était placée la neuvième, à côté de celle d'Antoine, cet autre enfant qui servait à l'autel avec lui, et tous deux se trouvaient ainsi tout près du bienheureux Père Baptiste, du côté de son cœur[1].

« — Quelle est donc cette religion qui transforme de « jeunes enfants en héros ! » s'écria Fazamburo, renonçant pour cette fois du moins à ébranler le courage des futurs martyrs.

Le 4 février, veille de l'exécution, les confesseurs trouvèrent sur leur route deux Pères de la Société de Jésus, qui offrirent de leur administrer les sacrements ; mais les gardes n'en laissèrent pas le temps aux victimes, qui purent seulement recevoir l'absolution. Le lendemain, 5 février, les confesseurs gravirent la colline de Tatetmaya, située en face de la ville de Nangasaki.

Les trous étaient préparés pour recevoir les croix. Les croix du Japon sont différentes de celles dont se servaient les Romains.

Vers le bas, une pièce de bois les traverse, destinée à soutenir les pieds des patients. Au milieu, une espèce de billot supporte le poids du corps. Les suppliciés sont attachés avec une corde qui lie à la croix les bras, les cuisses et les pieds toujours un peu écartés.

Les confesseurs eurent le cou enserré dans un collier de fer, — puis chacun fut conduit ou, plutôt, se dirigea lui-même vers sa croix, avec autant d'empressement que le jeune Louis.

C'est alors qu'eut lieu un des plus beaux actes de foi du martyrologe de l'Église catholique.

Les parents du jeune Antoine, chrétiens eux aussi, mais qui ne pouvaient se résigner au sacrifice que Dieu exigeait d'eux, étaient venus au-devant de leur fils,

---

[1] *Histoire des Martyrs du Japon* par BOUIX.

abîmés de douleur et fondant en larmes. A genoux, ils le conjuraient en pleurant de leur épargner cette atroce douleur de survivre à leur unique enfant.

Antoine, tout à l'honneur de cette ressemblance avec le Christ, revenir captif et victime dans sa ville natale, semblait déjà être en possession du bonheur du ciel.

Les confesseurs eurent le cou enserré dans un collier de fer.

« Pauvre fils ! laisse-toi toucher par les larmes de
« tes malheureux parents, imploraient ceux-ci.
« Pense à la douleur que nous causera ta mort.
« Si tu n'as pitié de nous, aie au moins pitié de
« ton âge encore si tendre ! Tu retrouveras bien
« l'occasion que tu cherches de mourir pour Jésus-
« Christ. »

Antoine écoutait, affligé de la douleur et de la faiblesse de son père et de sa mère.

« Mes chers parents répondit-il, ce que vous
« dites est contraire à la raison... Quelle perte faites-
« vous en envoyant votre fils au ciel, jouir de Dieu
« pendant l'éternité ? Ne devriez-vous pas vous en
« féliciter ? J'aurais cru que vous auriez donné aux
« païens un tout autre exemple. Je suis jeune, il est
« vrai, mais je n'en suis que plus cher au Seigneur et
« aux anges du Paradis. Ne craignez-vous pas que
« si je perds maintenant la couronne du martyre, je
« ne puisse jamais la reconquérir. »

Fazamburo, malgré sa dureté, s'émotionna en voyant le désespoir des parents : il tenta de ramener, au nombre des sujets dévoués de son souverain, l'héroïque enfant et, s'approchant, lui promit des richesses et des honneurs, s'il voulait se séparer des chrétiens.

« Vous me promettez les choses de la terre,
« s'écria Antoine, et mon Dieu me promet les richesses
« du ciel ; il n'y a pas de comparaison possible. Tout
« à l'heure, vous verrez le cas que je fais de la vie et
« combien peu je crains la mort. »

En prononçant ces derniers mots, Antoine s'éloigne du gouverneur et revient vers ses parents. Sur ses vêtements, il portait un pardessus couleur d'azur, il le détache et le laisse tomber à leurs pieds.

« Ceci est à vous, dit-il, je vous le rends, de bon
« cœur » ; il exprimait ainsi le droit suprême du Créateur sur son âme.

« Courage donc, ajouta-t-il ; ne pleurez pas sur moi
« qui vais au bonheur ! Adieu, mon père ; adieu, ma
« mère ! Conservez toujours intact le trésor de la foi.
« Déjà le ciel s'ouvre et les anges se réjouissent de
« notre triomphe. Embrassez pour la dernière fois
« votre fils, et priez pour moi ! »

Le gouverneur s'était dirigé vers Louis Harki, pensant que la vue du supplice l'ébranlerait davantage que l'aspect de la prison de Corazu ; il avait tout tenté, menaces et promesses.

« Moi, abandonner mon bon Père Pierre Baptiste !
« répondit l'enfant, abandonner celui qui m'a élevé

« dans la religion de mon Dieu, et m'a fait partici-
« per à la gloire des Saints ! Je laisserais mes compa-
« gnons ! Je sacrifierais les délices du ciel ! Je per-
« drais mon âme ; non, jamais ! » Et il refusa de
continuer tout entretien avec le persécuteur.

Lorsqu'on lui eut désigné sa croix, il l'embrassa
passionnément, car ne devait-elle pas le conduire
au ciel ? L'enfant attendit ensuite dans un ravissement
céleste qu'on vint l'y étendre.

Au même moment, Fazamburo voulait éloigner
Thomas Cozaki de son père, le tertiaire Michel, espé-
rant sans doute persuader ensuite à chacun d'eux
que l'autre avait faibli, et ébranler ainsi leur volonté
de mourir pour le Christ.

Thomas se presse contre son père. « Mon sort est
« lié au sien, dit-il au gouverneur ; par lui je suis
« entré dans cette vie de larmes ; il est juste qu'avec
« lui j'aille prendre possession de la vie bienheureuse
« et éternelle ! »

La croix sur laquelle Louis Harki était attaché
venait de retomber lourdement dans le trou préparé
pour la recevoir. L'enfant se trouvait placé près du
P. Pierre Baptiste. Il lui demanda de chanter avec
lui le psaume *Laudate pueri Dominum*. Le religieux
était en extase, et ne lui répondit pas ; mais deux voix
pures et claires s'élevèrent, se joignant à la voix de
Louis Harki, celle de Thomas et celle d'Antoine, et
le cantique des enfants continua au milieu de leurs
tortures.

Louant le Seigneur, célébrant son nom, deman-
dant à ce que ce nom soit béni maintenant et dans
tous les siècles, à ce qu'il résonne de l'Orient à
l'Occident, à ce qu'il domine sur tous les peuples, afin
que sa gloire soit au-dessus des cieux, et que ses
regards s'abaissent sur tout ce qui est au-dessous de
lui...

Le coup de lance qui terminait le supplice d'Antoine
interrompit le psaume et, tandis qu'il l'achevait avec
les anges, Louis et Thomas ne cessèrent de chanter
qu'en voyant les soldats s'approcher d'eux avec leur
arme menaçante. Tous deux s'écrièrent : Paradis,

Paradis! avec l'accent divinisé du passager qui crie: Terre! Terre! après un long voyage.

Et, l'un après l'autre, les martyrs expiraient sur les croix qui les rapprochaient ainsi de leur Dieu. Parmi

Fazamburo voulait éloigner Thomas Kosaki de son père Michel.

eux se trouvaient Paul Souzouki, bonze fervent, gagné à la cause de Jésus-Christ et qui, depuis sa conversion, vivait dans une oraison perpétuelle. La mort de chaque païen le plongeait dans une tristesse profonde, car il pensait à ces pauvres âmes éternellement séparées de Dieu.

Près de lui, Gabriel de Duisco rendit son esprit au Seigneur. Jadis il avait été page du gouverneur de Méako ; c'est ainsi qu'il avait connu les religieux qui venaient souvent à la cour ; convaincu peu à peu de leur sainteté et de la divinité de leur foi, il entra au couvent, malgré les supplications de son père et de sa mère. Bientôt ceux-ci se convertirent à leur tour, et trouvèrent dans les espérances du bonheur éternel la force de supporter la mort de leur fils qu'ils ne considérèrent plus que comme une temporaire séparation.

Gabriel de Duisco était de tous les martyrs de Tatetmaya celui qui se rapprochait le plus, par son âge, de Louis, de Thomas et d'Antoine ; il mourut à dix-neuf ans :

Au moment où le bienheureux Jean de Goto, également âgé de dix-neuf ans, est sur le point d'être attaché à la croix, il voit venir son père qui s'approche pour lui faire ses adieux. Prenant le premier la parole : « Vous le voyez bien, mon père, le salut éternel doit « être préféré à tout ! Ayez soin de ne rien négliger « pour vous l'assurer. » — « Mon fils, lui répond cet « admirable chrétien, je vous remercie de votre excel- « lente exhortation. Et vous aussi, en ce moment, « soyez ferme et supportez avec joie la mort, puisque « vous la subissez pour la cause de notre sainte foi. « Quant à moi et à votre mère, nous sommes prêts, « s'il le faut, à mourir pour la même cause. » Le Bienheureux félicite son père et lui donne son chapelet, puis il donne en souvenir à sa mère l'étoffe dont il avait entouré sa tête. Le généreux père, surmontant son extrême douleur, reste ferme au pied de la croix de son cher enfant, voit de ses yeux les deux lances le traverser de part en part et se retire teint de son sang qu'il baise et vénère comme celui d'un martyr [1].

Comme au temps de la primitive Eglise, le sang **des martyrs fut la véritable semence des chrétiens.**

---

[1] *Histoire des Martyrs du Japon*, par Bouix.

Les crucifiés de Tatetmaya laissèrent derrière eux d'autres héros de la foi.

En 1627, lors de leur béatification par le pape Urbain VIII, une seconde persécution eut lieu, plus violente encore que la première. Même courage et même constance de la part des fidèles. Il se fit alors des conversions nombreuses, suivies de plusieurs miracles.

Au milieu du xviiie siècle, vingt-six sapins furent plantés dans les trous des croix sur lesquelles les premiers saints avaient confessé la foi.

En 1863, une église dédiée aux Martyrs de Nangasaki fut construite en face de la colline de Tatetmaya par trois missionnaires, MM. Girard, Petitjean et Lencaigne, l'année même qui suivit la canonisation prononcée par le Souverain Pontife, Pie IX.

Le R. P. Petitjean fit l'ascension de la Montagne sainte ; il vit encore trois des sapins dont le feuillage persistant symbolisait l'immortalité conquise par les martyrs. La vue de ces arbres toujours verts fut en quelque sorte l'annonce de l'éternelle semence. Bientôt, autour des missionnaires, d'anciennes chrétientés se révélèrent, ensommeillées depuis deux siècles, mais conservant, dans leur sein, la tradition apostolique de Xavier et des héroïques confesseurs. Le baptême était validement administré par un laïque qui transmettait aux siens les formalités et les paroles sacramentelles. Le culte de la sainte Vierge, celui de saint Joseph, l'image de la croix, le souvenir des principales fêtes de l'Église avaient été miraculeusement préservés pendant les deux siècles de proscription durant lesquels le territoire du Japon était interdit aux chrétiens, à moins qu'ils ne consentissent à un acte d'apostasie.

Le 5 février 1869, fête des Vingt-Six Martyrs de Nangasaki, les Pères rassemblèrent autour d'eux les chrétiens épars, et leur distribuèrent la sainte Eucharistie.

La religion catholique ressuscita en ce jour. Vingt-cinq ans plus tard, la liberté des cultes était proclamée, et aujourd'hui, si le zèle des missionnaires trouve les appuis et les secours indispensables auprès de l'Europe catholique les cinq îles seront pour eux, comme pour saint François Xavier, la source des joies les plus pures; et ces intelligentes populations, si ardentes au progrès, seront arrachées aux ténèbres du bouddhisme et du shintaïsme, soustraites aux erreurs des sectes protestantes et aux influences fatales du schisme grec.

CONCLUSION

Nous terminerons cet opuscule par la relation du P. Froes, jésuite portugais, extraite des *Bollandistes*, tome Ier de février, page 749, au sujet de Marie et Gracia, sa fille adoptive, âgée de dix ans. Le 11 décembre 1596, lorsque Taïkosama dit au gouverneur Gibonoskio : *Mettez à mort tous les Pères*, un jeune Japonais qui était présent entendit les sanguinaires paroles. Le jeune homme se hâta de transmettre ce qu'il avait entendu à sa grand'mère, nommée Marie, qui était chrétienne et qui se trouvait à Méako ; il lui écrivit en ces termes : « Aujourd'hui, pendant que l'empereur examinait les constructions de son palais de Futchimo, il a donné l'ordre de mettre à mort tous les Pères sans exception. Mon inquiétude est grande à votre sujet, car, vous sachant chrétienne, j'ai voulu vous prévenir de cet ordre sanguinaire, que l'empereur a donné avec l'accent de la fureur. »

Taïkosama employait souvent ce mot de *Pères* pour désigner tous les chrétiens. Marie, en lisant la lettre, l'entendit aussi dans ce sens, ce qui lui fit croire qu'ils allaient tous périr. Mais, loin de se troubler, cette femme forte se mit à rendre gloire à Dieu et à se préparer pour le martyre. Elle avait avec elle une enfant de dix ans, appelée *Gracia*, qu'elle avait adoptée et qu'elle élevait avec soin dans la crainte de Dieu. « — Mon enfant, lui dit-elle, on va mettre à mort tous les chrétiens qui ne renonceront point à leur foi, ce qui va me procurer le bonheur de donner ma vie pour Jésus-Christ. — Et moi, dit l'enfant sans hésiter, je veux aussi partager le même sort. — Non, vous êtes trop jeune pour qu'on puisse compter sur votre constance au milieu des tourments ; je préfère vous renvoyer chez votre père, où vous serez à l'abri de tout danger. » — Elle lui parlait ainsi pour la mettre à l'épreuve, et voir si Dieu, qui peut tout, n'inspirerait pas à cet enfant, malgré un âge si tendre, le courage d'affronter le martyre. La petite Gracia se mit à pleurer et se lamenter amèrement. « — Est-ce que je ne suis pas baptisée ? Voudrai-je conserver la vie, lorsque tous les chrétiens sont mis à mort ? » Marie fut extrêmement consolée de voir sa fille adoptive si jeune et si résolue. Et, lorsque son père, informé du péril, vint la chercher pour l'emmener avec lui, il eut beau faire, jamais la petite Gracia ne put être arrachée d'auprès de celle qui lui servait de mère et qu'elle voulait accompagner au martyre, tant la grâce céleste avait fortifié cet enfant.

Alors Marie prépara pour elle et pour sa chère Gracia l'habillement qu'elles devaient porter le jour où on les attacherait à la croix. C'est alors qu'elle adressa ces mémorables paroles à un certain nombre de chrétiens, qui se trouvaient réunis dans sa maison : « Grâce à Dieu, je suis bien déterminée à mourir pour notre sainte foi, mais je suis femme, et comme mon sexe est timide, je ne sais si à l'aspect de la croix je ne faiblirais point. Si cela arrivait, je vous conjure de n'y avoir point égard et de me conduire malgré moi au supplice, afin que je donne ma vie avec les autres martyrs. »

Marie et Gracia ne furent point martyrisées ; l'histoire ne nous dit pas comment s'écoula sur la terre le reste de leur vie. Si elles sont au ciel (et qui voudrait en douter), le martyre ainsi accepté, ainsi désiré, doit être un beau fleuron de leur couronne.

Permis d'imprimer :
J. SELLIER, vic. gén.

Tours, imp. DESLIS FRÈRES, rue Gambetta, 6.

BROCHURES ILLUSTRÉES
A 10 fr. le cent

COLLECTION CATTIER, ÉDITEUR, A TOURS

Etrennes spirituelles.
Aimons Dieu et le Prochain.
Ce qu'il faut être avant la première Communion.
Ce qu'il faut être après la première Communion.
Préparation à la confirmation.
Ce que l'Eglise a fait pour les Enfants.
Les délices d'une première communion fervente.
Les funestes effets d'une mauvaise première Communion.
Saint Joseph de la Délivrance.
Vie de la Sainte Vierge.
Mois du Sacré-Cœur de Jésus.
Mois du Saint Rosaire.
Histoire de Notre-Dame du Bon Conseil.
Histoire de Notre-Dame du Rosaire de Pompéi.
Le grand prodige de Campocavallo (2 séries).
Histoire sainte racontée aux enfants.
La Passion de Notre-Seigneur Jésus-Christ.
Petit Office de l'Immaculée-Conception.
Les Saints de l'Atelier.
Vie de Notre-Seigneur Jésus-Christ.
Vie de saint Antoine de Padoue, précédée de la Neuvaine recommandée par M. Dupont.
Vie de saint Louis de Gonzague.
Vie de saint Stanislas Kostka.
Saint François Xavier et les Enfants martyrs du Japon.

Vie de saint Maurice et de ses compagnons martyrs.
Vie de saint Remi, évêque de Reims.
Vie de saint Expédit, légionnaire romain.
Vie de saint Nicolas de Tolentin, protecteur des âmes du Purgatoire.
Vie de sainte Agnès.
Vie de sainte Cécile.
Vie de sainte Catherine d'Alexandrie.
Vie de sainte Solange.
Vie de sainte Marthe.
Vie de la Vénérable Jeanne d'Arc.
Vie de M. Dupont, le saint Homme de Tours.
Le Vénérable Louis-Marie Baudouin.
Vie du P. Damien, l'apôtre des lépreux.
Vie du Frère Irénée des Ecoles chrétiennes.
Vie du Frère Philippe.
Biographie de Garcia Moreno.
Biographie du maréchal de Mac-Mahon.
Biographie du maréchal Canrobert.
Biographie du général de Sonis.
Biographie du général Ducrot.
Biographie du général Bourbaki.
Biographie de Vasco de Gama.
Biographie de Carayon La Tour.

Brochures texte anglais (25 c.)

Le Frère Irénée des Ecoles chrétiennes.
Notre Dame de Pellevoisin (Indre).

Les Armes du Chrétien, par un Père de la Cie de Jésus, 4 p. in-18, texte encadré, 6 fr. le cent; 1 fr. la douzaine.

On peut se procurer ces brochures
à la librairie Saint-Paul, rue Cassette, 6, à Paris

www.ingramcontent.com/pod-product-compliance
Lightning Source LLC
Chambersburg PA
CBHW061015050426
42453CB00009B/1448